Túnel de proa verde
Tunnel of the Green Prow

Túnel de proa verde © 1998 Nela Rio.
Introducción / introduction © 1998 Amanda Castro.
Traducción / translation, *Tunnel of the Green Prow*, © 1998 Hugh Hazelton.
Cubierta / cover art, *Ecstascape VIII*, acrílico sobre papel / acrylic on paper, 71 cm x 52 cm, colección privada / private collection, © 1990 Angel Gómez.
Fotografía de / photographed by Keith Minchin.
"Sobre el artista" de una selección de / "About the Artist" based upon excerpts from *Angel Gómez: 1983-1993*, © Tom Smart , The Beaverbrook Art Gallery, 1993.
Diseño y dirección de / design and in-house editing by Joe Blades.
Impreso y hecho por / printed and bound by Sentinel Printing, Yarmouth, Nova Scotia, Canadá.

Agradecimientos / Acknowledgments: Algunos de estos poemas y sus traducciones aparecieron o aparecerán en / some of these poems and translations have or will appear in *Cancionero General 1996* (Madrid: Ediciones A.P.P., 1996), *Danger Falling Ice: The League of Canadian Poets Writes of Spring Reading in Fredericton, 1997*, Joe Blades, Editor (Fredericton, Canada: BS Poetry Society, 1997); in *Language(s)/Prison(s)*, Bernice Lever, Editor (Toronto, Canada: *Living Archives* of the Feminist Caucus of the League of Canadian Poets, 1999); in "Latinocanadá: A Critical Anthology of Ten Latin American Writers of Canada" thesis by Hugh Hazelton (Sherbrooke, Québec: Université de Sherbrooke, 1996), and in *Broken MAPP Reader* (Fredericton, Canada, 1999).

The publisher acknowledges support of the New Brunswick Department of Economic Development, Tourism & Culture and the Canada Council for the Arts-Emerging Publisher and Publisher Translation programs.

THE CANADA COUNCIL | LE CONSEIL DES ARTS
FOR THE ARTS | DU CANADA
SINCE 1957 | DEPUIS 1957

Broken Jaw Press
MARITIMES ARTS PROJECTS PRODUCTIONS
Box 596 Stn A
Fredericton NB E3B 5A6
Canadá

ph/fax 506 454-5127
jblades@nbnet.nb.ca

Canadian Cataloguing in Publication Data
Rio, Nela.

Túnel de proa verde = Tunnel of the green prow

   Text in Spanish with parallel English translation.
   ISBN 0-921411-80-4

I. Title. II. Title: Tunnel of the green prow
PS8585.I458T8 1998   C861   C98-950255-4
PR9199.3.R523T8 1998

Carlota Caulfield
MH 333

Túnel de proa verde
Tunnel of the Green Prow

poemas de / poems by
Nela Rio

Traducción de / Translated by
Hugh Hazelton

Fredericton • Canadá

Índice / Contents

Espacio onírico y liberación en la poesía de Nela Rio

En sus cuentos y en sus poemarios Nela Rio ha escrito sobre historias silenciadas por fuerzas que controlan el poder, especialmente bajo dictaduras. En *Túnel de proa verde* su voz nos llega fuerte y audaz. Notable es su estilo, la ternura infinita y las sutiles pero profundas conexiones que hace entre la experiencia vital del ser humano y la capacidad creadora de la palabra.

En *Túnel de proa verde* presenta a una mujer que sufre secuestro, tortura y humillación. La protagonista, prisionera de conciencia, es una poeta que no necesita ser ubicada en un lugar o tiempo específicos porque actúa como presencia de tantas mujeres que sufren la violencia bajo sistemas ideológicos en que se abusa del poder y en que se halla justificación para la violación de los derechos humanos.

La voz poética, en primera persona, nos acerca íntimamente a la experiencia del encierro y del exilio y llega a hacernos compartir no sólo su sufrimiento sino también la liberación en sus espacios interiores. Al escucharla no podemos evitar vernos en ella, con ella, a través de ella.

Esta voz femenina resalta la redondez de la palabra, es decir, su sonido y su silencio. Es la palabra — esa arma de doble filo — la que permite a las protagonistas de la obra de Nela Rio instaurar espacios de liberación y de refugio. Es quizás en *Túnel de proa verde* donde más claramente se propone a la palabra como liberadora. La condena al silencio hace que la poeta prisionera busque la metáfora que le permita nombrar lo innombrable, hacer presente lo que se pretende ocultar.

La necesidad de protegerse y proteger a otras mueve a la protagonista hacia un espacio íntimo — el espacio donde la palabra opera en ausencia, el del recuerdo, la imaginación y el sueño —. Con el lenguaje onírico accede a otras realidades donde puede ser libre. Valiente, resistente, rebelde y solidaria con las otras mujeres, hace que en sus poemas se transparente una actitud subversiva que le permite trascender el encierro, y a veces, hasta la amenaza de la muerte. Esas vivencias interiores se convierten en la vida misma, la única que tiene. La palabra-sueño-imaginación es un largo pasaje hacia la libertad a través de la memoria.

La voz encarcelada pasa a ser la voz rememoradora en el exilio. Nuevas realidades, como la del amor, la ayudan a mantener su compromiso de no olvidar a las mujeres que no sobrevivieron la gran

Dream-Space and Liberation in the Poetry of Nela Rio

Nela Rio's fiction and poetry deal with stories that have been silenced by those who wield power, especially under dictatorships. Her voice in *Tunnel of the Green Prow* is one of strength and courage. Her style is remarkable, as are the infinite tenderness and the subtle but profound connections she makes between the vitality of human experience and the creative capacity of the word.

In *Tunnel of the Green Prow* we meet a woman who has been abducted, tortured, and humiliated. The speaker, a prisoner of conscience, is a poet who does not need to be situated within a particular place or time, because she acts as a presence for the thousands of women who have suffered from violence under ideological systems that abuse power and seek to justify their violation of human rights.

The poetic voice, narrated in the first person, draws us intimately into the experience of imprisonment and exile and succeeds in making us share not only in the woman's suffering but also in the liberation she finds within her own inner space. As we listen, we cannot help seeing ourselves in her, with her, and through her.

This female voice emphasizes the fullness of the word, its sound and its silence. It is the word — that double-edged weapon — that allows the characters in Nela Rio's work to establish spaces of liberation and refuge, and it is perhaps in *Tunnel of the Green Prow* that the word's liberating force is most clearly expressed.

The silence to which the prisoner has been condemned causes her to search for the metaphor that will allow her to name the unmentionable, to declare that which others seek to hide. The need to protect herself and protect others moves the speaker toward an inner space in which the word operates in absence, memory, imagination, and dream. Through this oneiric language she gains access to other realities where she can be free. Valiant, resistant, rebellious and supportive of the other women prisoners, she reveals a subversive attitude in her poetry that enables her to transcend imprisonment and even the threat of death. These interior experiences are transformed into life itself, the only life she has. The word-dream-imagination is a long journey through memory toward freedom.

The incarcerated voice goes on to become that of remembrance in exile. New realities, including love, help her to maintain her commitment never to forget the women who did not survive the great nightmare. Her words become an affirmation, a celebration. The

pesadilla. Su palabra se transforma y aparece afirmativa, celebratoria. Los poemas de *Túnel de proa verde* son poemas del encierro y del escape, del refugio y del tormento, del mundo real y del mundo soñado. En ellos, con un apasionado deseo de historización, la protagonista da testimonio de sus vivencias mientras trata de encontrar su propia identidad en el exilio.

En esta colección de poemas intesamente líricos, Nela Rio afirma nuevamente, como lo hizo en *Las noches que desvisten otras noches*, que "estos poemas son para la paz". Encuentra una voz — un lenguaje poético — que le permite expresar la denuncia de actos de violencia al mismo tiempo que expresar su solidaridad por las víctimas de la represión.

— Amanda Castro
Colorado State University

poems of *Tunnel of the Green Prow* are of confinement and escape, of shelter and torment, of the real world and the world of dreams. In them, out of a passionate desire to historicize, the speaker bears witness to her experiences and attempts to find her own identity in exile.

In this intensely lyrical collection of poems, Nela Rio once again confirms, as she did in *Las noche que desvisten otras noches* (Nights that Undress Other Nights), that "these poems are for peace." She finds a voice — a poetic language — through which to denounce acts of violence and at the same time express her solidarity with the victims of repression.

— Amanda Castro
Colorado State University

Palabras de la autora

Túnel de proa verde es el resultado de una necesidad de llenar un
vacío que sentí cuando participé, como persona interesada y no como
escritora, en un congreso sobre Escritores y Derechos Humanos. El
día de la inauguración en el escenario se habían instalado ocho sillas,
cada una de ellas con el nombre de un escritor, prisionero de
conciencia en países bajo dictaduras. Para mi gran sorpresa y
angustia, ni uno de los nombres era uno de mujer. Habiendo
conocido a escritoras que habían sufrido encierro y tortura bajo
sistemas represivos, la ausencia fue aún más dramática para mí.

Este poemario es una necesidad vital, es un compromiso con lo
que sé y que no puedo desconocer. La protagonista representa a
muchas que he conocido y a muchas a quienes nunca he visto. Entrar
dentro de su imaginación poética ha sido una experiencia agónica y,
a la vez, revitalizadora. Aprendí de ella que el silencio también se
rompe con poemas.

— Nela Rio
Fredericton, NB
9 de noviembre 1998

Words from the Author

Tunnel of the Green Prow grew out of my need to fill the emptiness that I felt when I participated, as a concerned individual rather than as a writer, in a conference on writers and human rights. On the day it opened, eight chairs had been set up on a stage, each of them bearing the name of a writer being held as a prisoner of conscience in a dictatorship. To my great surprise and distress, not one of the names was that of a woman. The fact that I had known several women writers who had been imprisoned and tortured under repressive regimes made this absence even more dramatic for me.

These poems have been a vital necessity, a commitment to what I know and what I cannot disregard. The speaker represents many women I have known and many whom I have never seen. Entering into her poetic imagination has been both an agonizing and a revitalizing experience. She has taught me that silence can also be broken with poetry.

— Nela Rio
Fredericton, NB
9 November 1998

En los tiempos de la represión, la persecución, el encarcelamiento,
la tortura, la desaparición y el exilio
yo te recuerdo, mujer, en el silencio y en la palabra.

Estos poemas son para la paz.
Hay cosas que pasaron pasan ¡que no deben pasar nunca más!

In times of repression, persecution, imprisonment,
torture, disappearance and exile,
I remember you, woman, in silence and in words.

These poems are for peace.
There are things that have happened, are happening now
and should never happen again!

dicen que el encierro
tiene mil puertas
con mil candados

pero hay una puerta
tan ancha como la angustia del encierro
que no hay historia que la pueda cerrar

... el poema sobrevive.

They say that prison
has a thousand doors
with a thousand locks

but there is a door
as wide as the anguish of imprisonment
that history can never close

the poem survives.

I

Comienzo
en este silencio engendrador de apocalipsis
en este mundo cincelado a pura palabra de aire
en el tiempo prohibido de la memoria escrita
a crear
esta larga esplendorosa pesadilla
de una mujer de carne hueso sangre
un perfume de cenizas renacidas
y un ansia de rescate en la palabra.

Con un sello sin leones ni penachos
decido aislarme en el espacio más abierto
que me guarde de este encierro
de estas paredes que extrañas ideologías levantan
encarcelando torturando imponiendo silencio
en mi garganta.

Porque vivo en el espacio en que la imaginación
libera
porque camino en círculos en la realidad
que traiciona
escribo poemas del refugio
en el interior de la lengua
poemas que surgen de la parálisis
y de la urgencia por descubrir que todavía se está viva.

Creo la metáfora abarcadora de la gran pesadilla
palabras para inscribir realidades a fuego blanco
poemas que no pueden tocarse
porque están encerrados en mis ojos
que no pueden arrancarse porque se han vuelto piel de mi voz.

En el tiempo del encierro
donde se vive por siempre consigo misma
la palabra abre mundos
en la apacible ternura del poema.

I

I begin
in this silence engendering apocalypse
in this world chiselled with words of air
in this time when written accounts are forbidden
to create
the long radiant nightmare
of a woman of flesh bone blood
a scent of reborn ashes
and a yearning for rescue through the word.

With a seal without lions or crests
I decide to isolate myself in the most open space possible
that protects me from this confinement
from these walls raised up by strange ideologies
imprisoning torturing imposing silence
on my throat.

Because I live in the space where imagination
liberates
because I walk in circles through reality
that betrays
I write poems of refuge
on the inside of my tongue
poems that arise from paralysis
and the need to discover I'm still alive.

I create a metaphor to encompass the great nightmare
words to inscribe realities with white fire
poems they cannot touch
poems locked within my eyes
poems they can't rip out because they have become
the skin of my voice.

In the time of imprisonment
when you live forever with just yourself
the word opens worlds
in the quiet tenderness of poetry.

II

En el cuarto donde siempre hay que esperar
el recinto donde reparten destinos
aplicando leyes fabricadas en delirios de poder
siempre hay una puerta
con vidrios como bocas
que muestran otros cuartos otros vidrios otras bocas
y gente esperando
tratando de adivinar, con la garganta seca,
qué forma tomará su vida,
el largo pasaje de la libertad hacia el encierro
como un túnel de ansiedades

Detrás del cristal filigranado
la voz se adelgaza
como una línea de sonidos buscando encuentros
entre las que esperan.
Como un pez, coletea la voz
desapareciendo en ondulantes burbujas
llenas de preguntas y de miedos.

La voz sin sonido agudiza los perfiles
recortando las líquidas estepas con extraña exactitud
como un cuchillo cabalgando entre las rosas.

Detrás del cristal la voz ya no es voz.

Cuando en la secuencia alocada
de otros cuartos otros vidrios
de interminables corredores fabricantes de destinos
ellas, las que esperan, abren la boca
para hablar, para gritarse entre ellas ¡aquí estoy!
sólo se ve
un espiral loco
inusitadamente vacío de sonidos
huyendo hacia el origen
donde la luz es sombra.

II

In the room where you always have to wait
the place where destinies are meted out
applying laws decreed in frenzies of power
there is always a door
with panes of glass like mouths
showing other rooms other panes other mouths
and people waiting
trying to guess, with dry throats,
what form their lives will take,
the long passage from freedom to imprisonment
like a tunnel of anxieties.

Behind the filigreed glass
the voice grows thinner
like a line of sounds searching for encounters
among those who wait.
Like a fish, the voice thrashes,
disappearing in undulating bubbles
filled with questions and fears.

The soundless voice sharpens profiles
outlining the liquid steppes with strange precision
like a knife riding through roses.

Behind the glass the voice is no longer voice.

When in the mad sequence
of other rooms other doors
of interminable corridors framers of destinies,
the women who are waiting open their mouths
to speak, to cry out to each other "Here I am!"
all that's visible
is a crazed spiral
curiously empty of sound
fleeing back toward its source
where light is shadow.

Cuando la incomunicación
es un lugar establecido
por regímenes hechos de locuras y de odios
una
a veces
se siente sola y desespera.

Aunque la mano trasnochada y retorcida
gima
irguiendo su forma como llama
o como grito
nada toca, nada ase.

Aunque los ojos se vuelquen y huyan
buscando
signos signos en la noche helada
nada tocan, nada ven.

Aunque el corazón se despedace
urgiendo a la sangre su desboque denso
y vea en el vacío
el oscuro sabor de una presencia incógnita
nada toca, nada arrastra.

El cuerpo aterido
en la noche en llamas
en la noche helada
nada, nada.

III

When isolation
is a cell built
by regimes of madness and hate
you
sometimes
feel alone in despair.

Though the hand, sleepless and twisted,
moans
raising its form like a flame
or a cry,
it touches nothing, grasps nothing.

Though the eyes roll back and flee
searching
for signs signs in the frozen night,
they touch nothing, see nothing.

Though the heart tears itself to pieces
urging the thick blood to bolt
and sees within the emptiness
the dark taste of an unknown presence,
it touches nothing, leads to nothing.

The numbed body
in the fiery night
in the frozen night
nothing, nothing.

IV

En el secreto palpitar de la noche
fabrico rituales para organizar el mundo
en mi memoria debilitada por el dolor y las ausencias
y recuerdo una noche sagrada
en que el amor lo invadía todo

La luna
surgiendo
desde la profundidad de la tierra
asciende
lenta
conquistando el cielo.
El poder de la noche
concentrado
en la palidez insinuante
conjura el cónclave a sus pies

los árboles
yerguen sus cabezas largas
anhelantes expectantes
respirando el poder de la noche.
El silencio
une las ramas que alzan sus manos
en una plegaria sin hojas.

La iniciación ha comenzado,
las nubes tenues
virginales
se tienden en el cielo negro
como en la piedra de un misterioso sacrificio.
La luna llega
una a una
subiendo como los peldaños
de una solemne pirámide,
en cada paso, traspasadas, una a una,
cubriéndolas con su luz.

The trees, fascinated,
in the sacred silence of the ritual
look down upon
the consecration of love and remembrance.

Stillness.
Veneration.
Fullness of a secret ceremony.

V

Cuando la hora de la tortura
llega
no me es desconocida
ya la he vivido mil veces
en las vigilias

La he visto allí
agazapada
contando sin prisa
los minutos de esas horas que no pasan
boca desdentada
pinchazo de tinieblas
informe horror
allí
esperando
esperando que mi cuerpo se petrifique de espanto
ella, allí,
se acerca encogida
estirándose lentamente como saboreando mi sudor helado
arrastrándose con sus patas como pólipos
extendiendo sus manos
como las aves que devoran el festín macabro
su aliento me hiere
como calientes espinas
quiero cerrar los ojos
          ¡que no responden!
la sombra abominable avanza
cerrándome todas las salidas
mis pies hielos aterrados
intentan moverse
para que el contacto no los aniquile!
miro
miro su boca extravío insondable
pareciera que una vertiente desbaratada me arrastrara
y no sé, ¡oh, no sé! adónde va sombra agua horror
si esta pesadilla de todas las vigilias tiene un fin
o si la llegada es eterna

V

When the time of torture
comes
it is not unknown to me
I have lived through it a thousand times
as I lay awake

I have seen her there
crouching
unhurriedly counting
the minutes of those hours that do not pass
toothless mouth
pricking darkness
shapeless horror
there
waiting
waiting for my body to petrify with fear
she is there,
moves toward me hunched
stretching herself slowly savouring my frozen sweat
slithering forward on feet like polyps
reaching out her hands
like birds devouring a macabre feast
her breath wounds me
like hot thorns
I want to shut my eyes
        that don't respond!
the loathsome shadow advances
closing off all exit
my feet of terrified ice
try to move
so her touch will not destroy them!
I watch
look into her mouth of fathomless loss
feeling a torrent of destruction dragging me down
and I don't know—I don't know!—where the shadow water horror leads
if this nightmare of all my vigils has an end
or if its coming is eternal

VI

Mis ojos buscan la luz en la tiniebla
de esta celda oscurecida
por mi silencio castigado con encierro
y revivo el esplendor de compañeras
que aunque muertas viven todavía

Estaba en una vasta planicie
como en un teatro diluvial
donde el viento soplaba sediento
su aliento entrecortado
acariciando
respirando en mis cabellos
con sus numerosas bocas
preparando
como un virtuoso alucinado
una extraña visión.

Las nubes apagando el cuchicheo
silenciosamente en puntas de pié
se habían juntado en el cielo
a contemplar a guardar para siempre
en esa cambiante realidad
hecha de vapores y de nieves
la presencia del prodigio.

El viento
alzándose con el esplendor y el misterio
de un sacerdote alado primitivo
yéndose a las alturas
y bajando de pronto con agudeza inusitada
buscaba
debajo de las rocas
entre las dunas
en las montañas en los acantilados en los peñascos
buscaba revolviendo destapando
las espléndidas estrellas
que se habían fugado audaces del cielo tomado.

VI

My eyes search for light in the gloom
of this cell darkened
by my silence, punished with isolation
and I relive the splendour of my compañeras
who though dead live on

I was on a vast plain
like a torrential theatre
where the wind blew thirstily
its laboured breath
caressing
breathing through my hair
with its many mouths
preparing
like a mad virtuouso
a strange vision.

The clouds muffled the whispering
silently on tiptoe
they had gathered in the sky
to contemplate to protect forever
in this changeable reality
of mist and snow
the presence of the wonder.

The wind
rose with the splendour and mystery
of a primitive winged priest
soaring to the heights
and suddenly plummeting with rare shrillness
searching
beneath the rocks
among the dunes
in the mountains cliffs crags
searching overturning uncovering
the magnificent stars
that had boldly fled the captured sky.

Estaban allí
inconfundibles en las piedras, en la arena, en el polvo
en los gritos en la sangre en los palos en las sogas
¡la mica resplandeciendo vencedora gloriosamente viva!
El viento
en despliegue gigantesco
como la capa de un mago de carnaval sin risas
sopló las preciosas partículas
de las destrozadas estrellas
arrebatándolas al púrpura verdoso del cielo procreador
y entonces
                        como una lluvia de oro
                        refulgiendo
                        vivas
                        atrayendo con todo derecho la luz de todas las cosas
                        increíblemente enfáticamente bellísimas
riéndose a carcajadas como olvidándose del tiempo dormido
las estrellas compañeras
descendieron otra vez para jamás apagarse

y yo estaba allí espectadora hecha por la historia
bañada por la luz de sonrisas brillantes victoriosas
lentejuelas de materia planetaria
contemplando
en el filo del origen del tiempo
la creación del primer dia de l;a mica
y el triunfo de compañeras que nunca más morirían.

They were there
unmistakable among the rocks, sand, dust
among the cries in the blood clubs ropes
mica glistening triumphant gloriously alive!
The wind
in a gigantic display
like the cape of a carnival magician without the laughter
blew across the precious particles
of the shattered stars
whirling them away from the greenish purple of the engendering sky
and then
        like a rain of shining
        gold
        alive
        attracting with every right the light of all things
        incredibly emphatically beautiful
laughing wildly as though forgetting their time asleep
the companion stars
descended once more never to be extinguished

and I was there a spectator made by history
bathed in the light of shining victorious smiles
sequins of planetary matter
contemplating
from the edge of the origin of time
the creation of the first day of mica
and the triumph of *compañeras* who will never die again.

VII

En la rutina agonizante
de vueltas y vueltas en las horas
de las noches largas

voy llegando a ese punto
donde el río cambia de curso
donde las aguas remontan su propio lecho
desbordando su cauce
anegando los campos las llanuras las montañas
las bocas que siguen estando abiertas como grutas.

Voy llegando a ese punto
donde la brisa se transforma en huracán
levantando melodramáticamente los techos
de las cosas sagradas
desparramando sepultando los días y las noches
las ideas que se creían intocables.

Es el punto hacia la explosión de la fe la razón
la vorágine del caos
la inmovilidad de la esperanza
la parálisis del gesto.
Como el fénix más maldito que ha perdido
la mítica fuerza del renacer
pájaro que aletea en las cenizas devorándose a sí mismo
veo
este punto que se agranda como el cráter de un volcán
punto de no retorno.

VII

In the excruciating routine
of turning through the hours
in the endless nights

I am coming to the point
where the river changes course
where the waters run back up their channels
overflowing their banks
drowning the fields the plains the mountains
the mouths that remain open like caves.

I am coming to the point
where the breeze turns into a hurricane
melodramatically blowing off the roofs
of sacred things
scattering burying days and nights
ideas thought to be untouchable.

It's the point near obliteration of faith, reason
the vortex of chaos
the immobility of hope
the paralysis of gesture.
Like the most wretched phoenix that has lost
the mythical power of rebirth
beating its wings in the ashes as it devours itself
I see
that point expanding like the crater of a volcano
point of no return.

VIII

En medio de la hora sin ventanas
cuando la humedad en la garganta
es un recuerdo en llamas

presentí
el cielo abrirse
a través de una estrella,
        sólo la imaginación
        abre agujeros
        en la más completa
        ausencia de color,
y atándome a ella como a lianas espaciales
viajé por los interminables caminos
de planetas desconocidos.

Nuevas dimensiones como enormes edificios
plantados en hilos cautelosamente diagonales
formando fantásticas ciudades en el vacío más absoluto

y el silencio quebrando las distancias
doblándolas como pañuelos de lino, disolviéndolas,
abriendo ventanas circulares
de catedrales de polvo
en esas nubes que fervorosamente fabrico.

Como un crepuscular pavo real
paulatinamente abrí las manos como enormes abanicos
me inundó el infatigable placer
de viajar con los dedos
separando
las delicadas, tenues gasas del tiempo y del espacio
dedos como ojos
descubriendo, tocando
construyendo sosegadamente
los grandes deseos de la eternidad.

VIII

In the midst of the windowless hour
when wetness in the throat
is a memory in flames

I sensed
the sky open
through a star,
    only the imagination
    can open holes
    in the complete
    absence of colour,
and tying myself to it as if to a liana in space
I travelled along the endless roads
of unknown planets.

New dimensions like enormous buildings
constructed in cautious diagonal lines
forming imaginary cities in the most absolute void

and the silence breaking the distances
folding them over like linen handerchiefs, dissolving them,
opening circular windows
in cathedrals of dust
among the clouds I ardently invent.

Like a twilight peacock
slowly I opened my hands like enormous fans
and was flooded with the tireless pleasure
of travelling with my fingers
separating
the delicate, gossamer gauzes of time and space
fingers like eyes
discovering, touching
quietly building
the great desires of eternity.

IX

Recostada en el camastro
que tiene la dureza del insulto
recuerdo

desde la despilfarrada bienaventuranza celestial
desciende la arena
como de un reloj,

va cubriendo la tierra
con el calor que trae del espacio.

Como dunas colosales
las ciudades duermen los ruidos cotidianos.

La rosa de los vientos engalanada de aguijones
navegando en los treinta y dos rumbos del horizonte
forma y deforma
sugestivas olas amarillas.

Olvidado su cuerpo en el camino
como una escafandra sin pupilas
el pensamiento tantea la picana
y el voltaje abrupto lo arroja
hacia lo impunemente insólito.
Veleros prófugos portadores de hábeas corpus
intentan llegar al sol
pero el peso de la arena los hunde en el abismo.

Como un rastrillo gigante
los dedos rígidos de una mano implacable
escarban un mundo
que ya no está.

IX

Lying back on the cot
that is as hard as an insult
I remember

from the extravagant celestial bliss
the sand descends
as in an hourglass

covering the earth
with the heat it brings from space.

Like colossal dunes
the cities sleep through everyday sounds.

The rose of the winds, adorned with thorns,
sailing across the thirty-two directions of the horizon
forms and deforms
evocative yellow waves.

Its body forgotten along the road
like an eyeless diving suit
thought gauges the electric prod
and the sudden voltage hurls it
toward unpunishable strangeness.
Fugitive sailing ships carrying writs of habeas corpus
try to reach the sun
but the sand's weight buries them in the abyss.

Like a gigantic rake
the rigid fingers of an implacable hand
scratch at a world
no longer there.

X

Guardia carcelario improvisado
promovido de alcahuete a autoridad

La inescrutable alimaña
apostólicamente blasonada
guardia indefiniblemente fronteriza
entre la blasfemia y el botín
habita
en lo más recóndito del abismo
con lo más vertical de todos los miedos cohabita.

Disimula
hociqueando desperdicios opulentos
con la voracidad del mordisco inacabado
ceremoniosamente destapando
la gelatinosa humedad de la cueva
donde la podredumbre de los peces
arrastrándose como un reptil
tapa
toda esta tierra de promesas donde mi mano
quisiera abrirse como un jazmín.

X

*Improvised prison guard
promoted from informer to official.*

The inscrutable vermin
apostolically emblazoned
guards indefinable borders
between curses and looting
lives
at the farthest depth of the abyss
together with the most vertical of fears.

He pretends
rooting through opulent scraps
with the voracity of the unfinished bite
ceremoniously uncovering
the cave's gelatinous moisture
where fish rot
dragging himself like a reptile
he covers
all the earth of promises where my hand
wants to open like a jasmine flower.

XI

En los excepcionales días en que el patio es ofrecido
como una ventana abierta al encierro
el sol tiene la apariencia de brillar para todos.

De pié
como un totem de madera
envejecido en lluvias suplicadas
en un lugar que no está ni aquí ni allá
ni tampoco detrás
grado cero y último, nítido en su puntual ausencia
sin proyección ni pretéritos relámpagos
estoy.

Cruzarán las líneas eternamente paralelas
los vagabundos espaciales buscando convergencias
dibujando extraordinarios mapas
de tierras aún por descubrir
y mi lugar solitario
como una pompa de jabón a punto de estallar
no será estación de nadie.

Sin movimiento
como un viaje sin retorno que ha olvidado su salida
perdida para siempre la ruta que siguió
equipaje sin correas
adioses sin pañuelos
punto sin salida, estático, sin giros
ni caminos
estoy.

XI

On exceptional days when the patio is offered
like a window opening on confinement
the sun appears to shine for everyone.

Standing
like a wooden totem
grown old under begged-for rains
in a place neither here nor there
nor behind
zero and final degree, clear in its punctual absence
without projection or former lightning bolts
am I.

Eternally parallel lines will cross
the wanderers of space seeking convergences
drawing extraordinary maps
of lands still to be discovered
and my solitary place
like a soap bubble about to burst
won't be anyone's station.

Motionless
like a voyage of no return that has forgotten its departure
the route it took now lost forever
baggage without straps
farewells without handkerchiefs
a dead-end point, static, without turns
or roads
am I.

XII

Qué extraño es
sentir
el cuerpo como mano.

Cuando mis dedos crecen
en preguntas largas puntiagudas huérfanas de nombres
en filosas conclusiones de estafas y traiciones
cuando como resortes estremecidos frenéticos buceadores
se lanzan a horadar el sol
pienso que detrás del grito ha de estar la verdad.

Cuando mis dedos se multiplican
incesantes, palpitantes
volviéndose hacia mí como uñas que crecieran al revés
pretendiendo asir la mínima partícula de una historia
rompiendo, desgarrando
pienso que detrás del grito ha de estar la verdad.

Cuando mis dedos vuelven de esta larguísima búsqueda
retorcidos, quemados, sangrantes,
mi grito mi grito mi grito
                    ¡se pierde en el eco!

XII

How strange it is
to feel
my body like a hand.

When my fingers grow
into long sharp-pointed questions orphaned of names
in barbed conclusions of frauds and betrayals
when like trembling springs frenetic divers
they leap to pierce the sun
I think there must be truth behind the scream.

When my fingers multiply
incessant, palpitating
turning on me like fingernails growing backwards
trying to seize the smallest part of a story
breaking, tearing apart
I think there must be truth behind the scream.

When my fingers return from this longest of searches
twisted, burned, bleeding
my scream my scream my scream
                    is lost in echos!

XIII

Los recuerdos enredan
solitarias horas
con aquellas donde la vida
usaba el tiempo como si fuera inagotable.

Ondeantes estandartes multicolores
se separan
      labios temblorosos anhelantes
como empujados por alientos espesos de silencio
y entro en el espacio
eternamente atrapado en mi memoria
lentamente
solemnemente como en un templo antiguo

cubierta sólo con los gestos de amores consumados
deslizo mi desnudez aguda como un suspiro
entre la bruma caliente
llevando en las manos
todas las hojas del otoño regalado

Ofrenda de color y de perfume
inclino la cabeza de cabellos destrenzados
ante la mirada que recuerdo húmeda
y recojo mi cuerpo de piel brillante de deseo
en la contemplación de objetos transparentes
que se ofrecen y se niegan
acallo
con un sólo gesto de la mano
los murmullos en torno.

Transformada mi carne en una flor encendida
dejo que la lluvia de silencio
vehementemente
recorra
mi cuerpo
como un abrazo postergado
o retenido
en la ansiedad del recuerdo

XIII

Memories intertwine
solitary hours
with those when life
used time as though inexhaustible.

Rippling multicoloured banners
separate
        trembling lips longing
as if pushed by thick breaths of silence
and I enter the space
eternally trapped within my memory
slowly
solemnly as into an ancient temple

covered only by gestures of fulfilled loves
I slip my nakedness sharp as a sigh
into the warm mist
carrying in my hands
all the leaves of freely given autumn.

Offering of colour and perfume
I bow my head of unbraided hair
before the moist gaze I remember
and gather up my body of skin shining with desire
in the contemplation of transparent objects
that offer and refuse themselves
silencing
with a single gesture of my hand
the murmurs around us.

My flesh transformed into a burning flower
I let the rain of silence
vehemently
run across
my body
like an embrace deferred
or held back
in the anxiety of remembrance

que rescata reconstruye
y te poseo nuevamente en el ejercicio vital
de la memoria
en el templo antiguo de la diosa trinitaria.

that rescues reconstructs
and again I possess you in the vital exercise
of memory
in the ancient temple of the trinitarian goddess.

XIV

Cuando el sueño no pertenece a la noche
ni la pesadilla al sueño
despertar es cerrar los ojos.

Desmelenada al viento
corro en el misericordioso corrosivo debilitamiento
        sedienta porque hace días que no bebo
        seca la lengua resquebrajada agrietada
abriendo mi cuerpo
como una boca inmensa.

Mis pies pisan
las copas de los árboles
agitando ramas
de donde salen pájaros aterrados,

Soy como una visión
pesadilla de niños
acrecentando en mi huída
el horror del agua estancada.

Y allá me veo
                perdiéndome en alaridos
                                clavándome
                                                en el horizonte
taladrando el desierto
buscando el agua que se acumula entre las piedras.

XIV

When sleep no longer belongs to night
nor nightmare to sleep
to close your eyes is to awaken.

Dishevelled in the wind
I run through the merciful corrosive exhaustion
       thirsting from days without water
       my dry tongue brittle cracked
opening my body
like an immense mouth.

My feet walk upon
the treetops
shaking terrified birds
from the branches.

I am like a vision
children's nightmare
my flight increasing
the dread of stagnant water.

And there I see myself
       disappearing into screams
              impaling myself
                    on the horizon
perforating the desert
in search of water that gathers among the rocks.

XV

Construir monumentales escenografías
crear espacios
simula
una precaria libertad.

En este telón de fondo de una tragedia que no acaba nunca
entre bramidos triunfadores de fieras aún no castigadas
amarrada a una roca
frente a un mar violento que en alguna juventud ya sepultada
sirvió de escenario a infantilmente precarios castillos de arena
golpeada por el oleaje furioso
y por ciclones como látigos
amarrada
una idea se está vistiendo de poema.

XV

Building monumental sets
creating spaces
simulates
a precarious freedom.

Against this backdrop for a never-ending tragedy
among the triumphant bellowing of unpunished beasts
bound to a rock
facing a violent sea that in some buried youth
served as a stage for childishly precarious sand castles
lashed by the furious waves
and by cyclones like whips
bound
an idea is becoming a poem.

XVI

Recogida en mí misma
en las horas en que el viento sale a jinetear
como si el espacio fuera una pampa adormecida.

Mi pensamiento se enrosca en el arco de la noche
y sale disparado
intensionadamente calculadoramente libre
a vagar
a desafiar a enfrentar al silencio
con la palabra que va construyendo una historia.

XVI

Hunched within myself
in the hours when the wind goes riding
as if space were a sleeping pampa.

My thought coils around the arch of night
and shoots off
intentionally calculatingly free
to wander
to defy to face the silence
with the word that is building a story.

XVII

Esta noche han venido a buscarme.

Esta noche han venido a buscarme
y no sé si volveré.

Los matorrales han juntado
tenebrosas melenas aparatosamente engominadas
hurgando en las sombras con ojos como carbones
     ojos como lenguas lenguas
recorriéndome pesadamente
delincuentemente
palpablemente lascivos
     húmedos
echándome el aliento afilado de navajas
     aplastando mi carne decididamente altiva contra la tierra dura

quieren saber
sombras ojos lenguas
por qué mi boca se cierra como un ataúd
manteniendo vivos a los que ellos quieren muertos.

Las ramas yermas de estos matorrales impotentes
arqueando sus puntas inquisidoras
arañan mi espalda
     dibujando extraños oráculos de sangre
tironean mis cabellos
queriendo desenterrar secretos que mantienen rebeldes rebeldías
pero mi frente dolorida no se abre a cuchilladas.

La luna enloquecida de recuerdos
quiere encontrar caminos en la espesura
para arrojarse como una flecha
cortando con sus filosos rayos de hielo
a los impúdicamente encrespados matorrales
que van arrastrándose
olfateando
mascullando palabras tremendas
que el viento no se atreve a repetir

XVII

Tonight they came for me.

Tonight they came for me
and I don't know if I'll return.

The scrubland has gathered
shadowy heads of hair pretentiously slicked down
delving into the darkness with eyes like coals
      eyes like tongues tongues
running heavily over my body
criminally
palpably lascivious
      moist
covering me in their sharpened breath of razors
      crushing my resolute proud flesh against the hard earth

they want to know
shadows eyes tongues
why my mouth is closed like a coffin
keeping alive the ones they want dead.

The uninhabited branches of these impotent scrublands
arching their sharp inquisitorial points
claw at my back
      drawing strange oracles of blood
wrench my hair
wanting to exhume the secrets that keep rebellions defiant
but my pain-filled forehead does not open to their stabs.

The crazed moon of memories
wants to find paths through the undergrowth
to throw itself like an arrow
cutting with its sharpened rays of ice
at the lewdly curling scrub
that drags itself along
sniffing
mumbling frightful words
that the wind doesn't dare repeat

y sale en un galope de tormentas
arrollando las nubes hasta volverlas grávidas de sombras.

Ellos obstinadamente inquisidores
yo obstinadamente silenciosa
en esta noche en que han venido a buscarme.
Ahora sé que volveré
definitivamente victoriosa
aferrando con mi carne dolorida
una palabra escrita que ellos jamás podrán violar.

and leaves in a gallop of thunderstorms
crushing the clouds till they are heavy with shadows.

They are stubborn inquisitors
I am stubbornly silent
in this night when they have come for me.
Now I know I shall return
finally victorious
grasping with my painful flesh
a written word they shall never violate.

XVIII

Cuando la palabra se inscribe
voluntariosamente
con vocación de eternidad...

Inmensos torbellinos
desparraman estas hojas
que yo escribo con sangre entre las sombras
y mis brazos como alocadas gaviotas
aletean
sin poder retenerlas.

Todo se pierde en los círculos de la orden y el castigo.

Viento
viento lleno de aullidos
viento arrasador.
    Lucho creando alambradas para detener
    al encabritado invasor
    lleno de condecoraciones inservibles para sostener
    lo que cuelga entre sus piernas como un péndulo
    oscilando suspendido por la gravedad y la impotencia
    bufando resoplando
    tratando desaforadamente de erguirlo en erecta fetidez
y vuelan mi vestido y mis cabellos
violados por el centauro cabalgando sobre huesos.

Viento
viento
he de tragarte a bocanadas inmensas
para gritarte en hojas
que no habrá viento que pueda borrar.

XVIII

When the word inscribes itself
willingly
with a vocation of eternity...

Immense whirlwinds
scatter these leaves
that I write with blood among the shadows
and my arms like mad seagulls
flutter
unable to restrain them.

Everything disappears in circles of orders and punishment.

Wind
wind full of howling
wind of devastation.
     I struggle creating barbed-wire thickets to stop
     the maddened invader
     full of insignias useless for propping up
     what dangles between his legs like a pendulum
     oscillating suspended by gravity and impotency
     snorting wheezing
     furiously trying to raise its erect fetidness
my dress my hair torn away
raped by the centaur riding over bones.

Wind
wind
I've got to swallow you in huge mouthfuls
to shout to you in leaves
that no wind will ever erase.

XIX

*Es verdad que a veces la soledad duele aproximadamente
como un surco arado en tierra seca.*

En la línea oscura del alba
la soledad
es como un grito de cien puntas.

Sé que a lo lejos
como en una ópera de público rigurosamente amordazado
el viento barítono campero
rueda entre los árboles rompiendo las sombras.

Entre las hilachas de la noche, sólo yo
cobijando estas historias
que no viven más que proferidas en silencio,

en la fatiga de esta espera
que nadie sabe cuándo va a terminar
quiero que la luz,
como un dardo,
picotee incansablemente la penumbra
hasta hacer una rejilla
por donde pueda ver el nacer de una flor.

¿Por qué de pronto siento ganas de llorar?

Vivo sola en esta línea oscura del alba,
al límite de la vida,
al borde del deseo,
en la víspera de todos los días.

¿Estaré para siempre enmarañada en las sombras
que rompe el viento entre los árboles?

¿Está la gente por allí?
¿Hay alguien que piense en mí?

XIX

It's true that loneliness hurts roughly
like a furrow ploughed in dry earth.

In the dark line of dawn
solitude
is like a cry of a hundred knife-points.

I know in the distance
like an opera for a rigorously gagged public
the open baritone wind
rolls among the trees breaking the shadows.

Among the shreds of night, only I
sheltering these stories
that only live when uttered in silence,

in the weariness of this waiting
that no one knows when it will end
I want light,
like a dart,
to chip tirelessly away at the shadows
until it makes a grille
where I can see a flower being born.

Why do I suddenly feel like crying?

I live alone on this dark line of dawn,
at the limit of life,
at the edge of desire,
on the eve of days.

Will I always be entangled in the shadows
that the wind shatters among the trees?

Are people there?
Is there anyone who thinks of me?

XX

He descubierto, sin carabelas ni banderas
que para anular el poder más prolongadamente destructivo
      aquel que reduce el cuerpo a la materia
es suficiente repetir el nombre propio para recuperar la vida.

XX

I have discovered, without caravels or flags,
that to nullify the most prolonged destructive power
        the sort that reduces the body to matter
repeating your own name restores life.

XXI

Declaro y proclamo
con furia que no quiero contenida

que se les enredarán los cabellos
a los esperanzados pecadores
en todos los gritos que apuntalan
el desvencijado paraíso
prometedor de alucinaciones consagradas

que se volverán grises todos los árboles
plantados en filas como soldados de plomo
y que las hojas caerán como cenizas.

las flores irradiarán luces insólitas
detalladamente quemando a visionarios de candilejas
y el color huirá de toda la tierra.

Porque intentarán dejarme
desnuda de sueños
las olas barrerán las ciudades
con espectaculares escobazos
los libros perderán sus letras
llenas de imágenes festivas
la historia retomará sus monolitos improbables
y el universo se ahogará en la esterilidad del génesis.

XXI

I declare and proclaim
with a fury I do not wish contained

that the hair of the hopeful sinners
will become ensnarled
with all the cries that underpin
the dilapidated paradise
that promises consecrated hallucinations

that all the trees planted
in rows like lead soldiers will turn grey
and their leaves will fall like ashes

the flowers shall radiate strange lights
burning every facet of footlight visionaries
and colour will flee from the earth.

Because they will try to leave me
denuded of dreams
waves will sweep away the cities
with spectacular motions of brooms
books will lose their letters
full of festive images
history will again take up its improbable monoliths
and the universe shall drown in a sterile genesis.

XXII

El vértigo
instalado como una ración diaria
de miedo y de plegarias.

En esos espacios abiertos
como abismos en la altura
que me atraen
quisiera caer finalmente
y porfiadamente descansar.

XXII

*Vertigo
has become a daily ration
of fear and prayers.*

Into those open spaces
like chasms seen from the heights above
that attract me
I would finally like to fall
and defiantly rest.

XXIII

Cuando las cartas
esas censuradas frágiles palabras
que me unen al mundo,
esas palabras que acallan el caos y la violencia
sean confiscadas

escucharás...

como cuando al mundo lo sacuden
primitivos cataclismos
transformando la faz de la tierra

como cuando todos los mares
revuelven sus vientres
lanzando al espacio los peces despavoridos

y los huesos hechos polvo
cierran ferozmente los pétalos
ahogando el corazón que palpita

como cuando las piedras se derriten
en metales
y se endurecen en cristales

o como cuando los caminos
pierden su horizontalidad
y ascienden al cielo
para clavarse en la tierra como lanzas

... mi grito demoler los paredones!

XXIII

When the letters
those fragile censured words
that join me to the world,
those words that silence chaos and violence
are seized

you will hear...

as when the world is shaken
by primordial cataclysms
transforming the surface of the earth

as when the seas
turn their wombs upside-down
ejecting terrified fish into space

and bones become dust
ferociously close their petals
drowning the heart that beats

as when rock melts
into metal
and hardens into crystal

or when the roads
lose their horizontality
and rise into the sky
to plunge back into the earth like spears

　　　　　　...my cry demolish walls!

XXIV

Estoy encerrada en esta caja de órdenes y abusos
que tiembla.

Escuché los ramalazos del viento
golpear mi ventana tapiada
y los chasquidos
vaticinadores de renombrados latiguazos
sonaban como laúdes enronquecidos
en un coro de desafinados gatos matreros
cantando el Te Deum al revés.

Puse las manos sobre la madera helada
que guardaba las rejas al vacío
y la dentellada feroz del viento salvaje
dejó mis dedos azules.

Mis ojos vendados buscaron
los rostros antiguamente amigos
perdidos en la vorágine de una maltrecha acusación
y supe que sus historias desnudas
peleaban aterradas contra la furia del viento
poder negro, veloz, cruel
que viene todavía hoy de lejos a buscarme.

XXIV

*I am enclosed in this box of orders and abuses
that trembles.*

I listened to the blasts of wind
strike against my boarded window
and the prophetic
cracking of implacable whippings
sounded like hoarse lutes
in a chorus of out-of-tune outlaw alley cats
singing the Te Deum backwards.

I put my hands on the freezing wood
that protected the bars from the void
and the ferocious bite of the savage wind
left my fingers blue.

My blindfolded eyes sought out
the faces that once were friends
lost in the vortex of battered accusations
and found that their naked stories
fought terrified against the fury of the wind
a cruel power, swift and black,
that even now comes from afar to search for me.

XXV

Fui al espacio en la espesura
sabiendo que el amor de las que estaban
afuera o adentro
aguardaría mi paso alfombrando mi camino

Fui confiando
en que existía un claro en el bosque
donde la justicia original se cumpliría

en esa sala donde la infamia se regodea
enormes capuchas de puntas dobladas me esperaban
y sabía, como se saben esas cosas,
que los que las vestían con petulancia y con soberbia
seguirían borrando el camino para que yo no pudiera volver.

Fui segura
con mi ramo de hojas como estrellas
desnudez virginal que no hay mazorquero que destruya
protegida
por el vestido hecho de gestos y promesas que reposa seguro
en el interior de mi piel en tu recuerdo

Fui.
Creyeron vencerme.
Volví triunfante.

Llegué hasta mi espacio retenido en el tiempo petrificado
dolida, sangrando
libre, felíz.
Voluntariosamente corajudamente recuperado
mi deseo de vivir me besó la frente
reivindicándome para siempre

y ellos
los que jamás muestran la cara que nadie quiere ver
sin saberlo
con su furia con su infamia y con su grito
me pusieron una corona de luz que enceguece este pasado y los sepulta.

XXV

I went to the space in the undergrowth
knowing that the love of those who were
outside or inside
would await my footsteps carpeting my path.

I went trusting
that there was a clearing in the forest
where original justice would be done

    in that room where infamy gloats
    enormous hoods with folded points awaited me
    and I knew, as people know these things,
    that those who wore them with vanity and arrogance
    would continue erasing the path so I could never return.

I went proudly
with my branch of leaves like stars
virginal nakedness that no secret police can destroy
protected
by the dress made of gestures and promises that lies safely
on the inside of my skin in your memory.

I went there.
They thought they had vanquished me.
I returned triumphant.

I came back to my space retained in petrified time
hurt, bloody,
free, happy.
Willingly valiently restored
my desire to live kissed my forehead
vindicating me forever

and they
who never show their faces which no one wants to see
without knowing it
with their fury their disgrace their screams
crowned me with a light that blinds the past and buries them.

XXVI

Cuando miro por las rendijas del paredón
hacia la orilla del río
que parece tan lejana...

... cómo envidio el sauce
que puede agacharse
y dejar que el agua lo acaricie,
cómo envidio sus raíces
siempre bebiendo el agua inagotable

Si pudiera
extenderme en la ribera de ese río que imagino
como la línea de un horizonte inacabable,
hundir las manos en esa luz movediza
que desmenuza el cielo en el agua
dejar que mi pensamiento desnudo como cántaro vacante
vague encuentre enlace recoja hile palabras
acomode nuevas imágenes en un florero congregante
desafiando brumas que lo borren
nombraría
las ondas del agua con nombres que tú descubrirías.

XXVI

When I look through the cracks in this thick wall
toward the river's shore
that seems so far away

how I envy the willow
that can bend
and let the water stroke it,
how I envy its roots
forever drinking inexhaustible water.

If I could
stretch out on the bank of that river I imagine
like the line of an endless horizon,
sink my hands into that shifting light
that crumbles the sky into the water
let my unclothed thought like an empty jug
wander find connect gather spin words
arrange new images in a congregating vase
defying the mists to efface it
I would give
the waves the names you would discover.

XXVII

Otras lluvias, otros días
y yo aquí
sintiéndome la misma sabiendo que es mentira.

Prodigiosamente las lluvias parecen las mismas
agua que cae del cielo
vistas desde el encierro
o desde una ventana en una tierra de exilio.

Con mágico malabarismo han traído
aquellas vidas, mis compañeras arraigadas en un tiempo
de desconcierto, de certezas ideológicas,
desaparecidas, abruptamente despeñadas por decretos insensatos
ahora enredaderas creciendo desde el abismo
perfumes dormidos que despiertan desperezándose despeinados
cálidos inciensos litúrgicamente caseros.

Y yo las recuerdo en las lluvias
con las otras,
las sobrevivientes de la gran pesadilla,
manos enlazadas respetando heterogéneos deseos
reclamos de justicia y verdades y denuncias

> hay promesas de retorno a una tierra
> que ya parece extranjera
> hay promesas de estadía en la tierra hospitalaria
> que siempre será extranjera.

Este diluvio de tiempo
que restaña heridas siempre haciéndose nuevas
elocuentemente mantiene y pregona
el recuerdo que dignifica la memoria del dolor.

XXVII

Other rains, other days
and I am here
feeling I am the same knowing it is a lie.

Marvellously the rains seem the same
water that falls from the sky
seen from imprisonment
or from a window in a land of exile.

With magical conjuring they have brought
those lives, my *compañeras* rooted in a time
of disorder, of ideological certainties,
disappeared, suddenly hurled from cliffs by senseless decrees,
now climbing like plants back out of the abyss
sleeping scents that awake stretching their hair tousled
warm incenses liturgically domestic.

And I remember them in the rains
with the others,
the survivors of the great nightmare,
hand in hand respecting heterogeneous desires
demands for justice and truth and denunciations

> there are promises of return to a land
> that now seems foreign
> there are promises of sojourn in the hospitable land
> that will always be foreign.

This deluge of time
that stanches wounds forever causing fresh ones
eloquently maintains and proclaims
the remembrance that dignifies the memory of pain.

XXVIII

Acabado el encierro
la salida prosigue
entre años y recuerdos de un continuo salir,

sin embargo el amor
como la más tierna lluvia de esperanzas
me abraza
con tus brazos recién encontrados
y con los de ellas nunca olvidados.

En las horas en que tu mirada busca la mía
para rescatarme de algo que no entiendes
no me preguntes más
por qué mis días están siempre llenos de noches
por qué mis horas están siempre sacudidas por el viento
por qué hay siempre gritos y estrellas agotadas
no me preguntes más.

No me digas más que golpeo tu corazón
con dolores que quieres olvidar.

Sé que mis palabras parecen las mismas
en cada poema
porque sucede que vuelven porque vuelven
en cada poema
como prístinas ya fatigosamente viejas señales
de un como farol de carne recuerdo presencia.

Yo también quiero rescatarme,
soy responsable de imágenes
que vuelan y revuelan un horizonte lleno de visiones
cada día reconstruyendo visceralmente lo de ayer
bandadas de imágenes que vienen a buscarme transmigrando
de un sufrimiento millonario asentándose
en mi palabra empobrecida
manejando este diccionario
de obscenamente limitado número de palabras,
pero sabes, mi amor,

XXVIII

The imprisonment is finished
the freeing continues
over years and memories of continual leaving,

yet love
like the most tender rain of hope
embraces me
with your newly found arms
and with those of *compañeras* never forgotten.

In the hours when your eyes search for mine
to rescue me from something you do not understand
do not ask me again
why my days are forever full of nights
why my hours are forever shaken by the wind
why there are forever cries and exhausted stars
do not ask me again.

Do not tell me again that I am hitting against your heart
with pains you wish to forget.

I know my words seem the same
in every poem
because they keep returning they return
in every poem
like pristine but already painfully old signals
from a lantern of flesh memory presence.

I also want to rescue myself,
I am responsible for images
that fly back and forth across a horizon full of visions
each day viscerally reconstructing those of yesterday
flocks of images that come to look for me transmigrating
from a wealth of suffering settling into
my impoverished words
using this dictionary
of an obscenely limited number of words,
but you know, my love,

me lo pusieron como un vestido apretado
que tengo que rasgar desgarrando piel y sangre
para restañar una historia que esculpieron en mi carne
en inusitadas noches cuando estaba sola sin ti
y me sentía sola de todos.

Historia hilada en los clamores de un pasado
que vive en nuestros días.

Y en las noches de estos días
cuando tu amor llena el espacio de ternura
te doy mis noches viejas
para que las abraces, las beses, las recuerdes
y juntos las olvidemos recordando.

Quisiera darte otro mundo, mi amor,
por eso me desvisto del que me dieron
en las noches que me amas

they strapped it on me like a tight dress
that I must rip apart tearing skin and blood
to staunch a story that they spat upon my flesh
in unfamiliar nights when I was alone without you
and felt far away from everyone.

A story spun in the clamours of a past
that lives on in our days.

And in the nights of these days
when your love fills space with tenderness
I give you my old nights
so you may embrace them, kiss them, remember them
and together we may forget them as we remember.

I would like to give you another world, my love,
so I am taking off the one they gave me
in the nights you love me.

Sobre la autora

Nació en Córdoba, Argentina y creció en Mendoza; es ciudadana canadiense desde 1977. Escribe poesía y cuentos, los cuales han sido publicados en antologías y revistas en España, Argentina, Chile, Puerto Rico, Canadá y Estados Unidos. Ya tiene dos poemarios publicados: *En las noches que desvisten otras noches* (Editorial Orígenes, Madrid, 1989) y *Aquella luz, la que estremece* (Ediciones Torremozas, Madrid, 1992). Ha sido finalista en once concursos internacionales de poesía y de ficción. Parte de su obra ha sido traducida al inglés y al francés, y es activa en organizaciones de escritores en España, Canadá y otros países.

Su obra abarca varios temas, tales como la represión política y la violencia contra la mujer, la enfermedad y el envejecimiento, el amor y la sexualidad, el uso de mitos tradicionales y la construcción de nuevos. Las mujeres ocupan los papeles protagónicos en sus poemarios y cuentos, en los que a menudo resalta el punto de vista de la mujer adulta, entrada en años. A pesar de tratar muchas veces de temas del sufrimiento humano y de la crueldad engendrada por el abuso del poder, el tono de sus escritos es positivo, tierno y solidario. Sus protagonistas, aunque sean víctimas, no se comportan como tales y siempre logran vivir su propia vida. En los poemarios y cuentos donde el tema es el amor, el tono es definitivamente celebratorio.

Del presente libro *Túnel de proa verde* Rio ha leído en Madrid y Huelva (España); en Colorado y Washington (EE.UU.) y en Canadá. Actualmente enseña lengua y literatura hispanoamericana en St. Thomas University, en Fredericton, Nuevo Brunswick.

About the Author

Nela Rio was born in Córdoba, Argentina, and grew up in Mendoza; she has been a Canadian citizen since 1977. Her poetry and short stories have appeared in anthologies and literary reviews in Spain, Argentina, Chile, Puerto Rico, Canada and the United States. She has two previously published collections of poetry: *En las noches que desvisten otras noches* (Editorial Orígenes, Madrid, 1989) and *Aquella luz, la que estremece* (Ediciones Torremozas, Madrid, 1992). Her work has been short-listed for eleven international poetry and short fiction awards, and some of it has been translated into English and French. She is active in writers' organizations in Spain, Canada and other countries.

Her work deals with a number of themes, ranging from political repression and violence against women to illness and aging, love and sexuality, the use of traditional myths and the invention of new ones. The main characters in her poems and short stories are women, often either middle-aged or advanced in years. Although she frequently writes on themes of human suffering or the cruelty involved in the abuse of power, the tone of her work is positive, tender and supportive. Even when her protagonists are victims, they do not act as if they are, and always find a way to live their own lives. Her poems and stories that deal with aspects of love are celebratory in tone.

Nela Rio has read from *Tunnel of the Green Prow* in Madrid and Huelva, Spain; Colorado and Washington D.C.; and Canada. She currently teaches Spanish and Latin American literature at St. Thomas University in Fredericton, New Brunswick.

Sobre el traductor / About the Translator

Hugh Hazelton es poeta y traductor especializado en la obra de escritores latinoamericanos que viven en Canadá. Coeditó, con Gary Geddes, y fue traductor principal de *Compañeros: An Anthology of Writings About Latin America* (Dunvegan, ON: Cormorant Books, 1990), y últimamente completó "Latinocanadá: A Critical Anthology of Ten Latin American Writers of Canada" (Universidad de Sherbrooke, 1996). Sus otras traducciones incluyen *The Better to See You* (Dunvegan, ON: Cormorant Books, 1993), una colección de cuentos del autor salvadoreño Alfonso Quijada Urías, y *Jade and Iron: Latin American Tales from Two Cultures* (Toronto, Vancouver & Buffalo: Groundwood/Douglas & MacIntyre, 1996), un libro de leyendas e historias de América Latina. Enseña cursos de traducción al español y de civilización latinoamericana en la Universidad Concordia de Montreal.

Hugh Hazelton is a poet and translator who specializes in the work of Latin American writers living in Canada. He co-edited, with Gary Geddes, and was principal translator of *Compañeros: An Anthology of Writings About Latin America* (Dunvegan, ON: Cormorant Books, 1990) and has recently completed "Latinocanadá: A Critical Anthology of Ten Latin American Writers of Canada"(Université de Sherbrooke, 1996). Other translations include *The Better to See You*, a book of short stories by Salvadoran author Alfonso Quijada Urías (Dunvegan, ON: Cormorant Books, 1993), and *Jade and Iron: Latin American Tales from Two Cultures* (Toronto, Vancouver and Buffalo: Groundwood/Douglas & MacIntyre, 1996). He teaches Spanish translation and Latin American civilization at Concordia University in Montréal.

Sobre el artista / About the Artist

Bajo la superficie de la pintura de **Angel Gómez** yace una tensión que nace de la sensación de estar atrapado en una telaraña de diferencias culturales. Nacido en España, reside actualmente en Canadá, y este contraste absoluto con la vida en Segovia le da una sensación de aislamiento. Desde su llegada a Canadá en 1980, ha luchado para reconciliar sus raíces españolas con las circunstancias que encontró en Fredericton, Nuevo Brunswick, y describir estas experiencias con su pintura.

Ecstascape VIII es una variación sobre estados de ánimo en la que se nota la influencia de la tradición metafísica española de las naturalezas muertas. En este caso, Gómez perfecciona su interpretación de la técnica de una ventana de percepción en sus composiciones. El artista ha desarrollado la metáfora de la pintura como ventana de una manera similar a la del pintor canadiense Jack Chambers y del pintor español Antonio López García. Su obra está basada en la idea de que la percepción es un complejo juego de diferentes dimensiones y que la realidad es un mosaico de asociaciones en la que el pasado informa el presente.

Beneath the surface of **Angel Gómez**'s paintings lies a tension that arises from a sensation of being caught in a web of cultural differences. Born in Spain and now living in Canada, the complete contrast to life in Segovia gives him a sense of isolation. Since his arrival in Canada in 1980, he has sought to reconcile his Spanish roots with the circumstances of his life in Fredericton, New Brunswick, and to describe these experiences in paint.

Ecstacape VIII is a variation on moods influenced by the Spanish metaphysical tradition of still-life painting. Gómez refines his interpretation of the device of a perceptual window in his compositions. He has developed the conceit of a painting as a window in a manner similar to that of the Canadian artist Jack Chambers and the Spanish artist Antonio López García. Their work is based upon the idea that perception is a complex interplay of different dimensions of experience and that reality is a mosaic of associations in which one's past informs the present.

— Tom Smart, Conservador/Curator
The Beaverbrook Art Gallery

A Selection of Our Titles in Print

96 Tears (in my jeans) (Vaughan)	0-921411-65-0	3.95
Best Lack All, The (Schmidt)	0-921411-37-5	12.95
Coils of the Yamuna (Weier)	0-921411-59-6	14.95
Cover Makes a Set (Blades)	0-919957-60-9	8.95
Cranmer (Hawkes)	0-921411-66-9	4.95
Crossroads Cant (Grace, Seabrook, Shafiq, Shin, Blades (ed.))	0-921411-48-0	13.95
Dark Seasons (Trakl; Skelton (trans.))	0-921411-22-7	10.95
for a cappuccino on Bloor (MacLean)	0-921411-74-X	13.95
Gift of Screws (Hannah)	0-921411-56-1	12.95
Heaven of Small Moments (Cooper)	0-921411-79-0	12.95
Herbarium of Souls (Tasić)	0-921411-72-3	14.95
I Hope It Don't Rain Tonight (Igloliorti)	0-921411-57-X	11.95
In the Dark—Poets & Publishing (Blades)	0-921411-62-6	9.95
Invisible Accordion, An (Footman (ed.))	0-921411-38-3	14.95
Like Minds (Friesen)	0-921411-81-2	14.95
Lad from Brantford, A (Richards)	0-921411-25-1	11.95
Longing At Least Is Constant (Payne)	0-921411-68-5	12.95
Notes on drowning (mclennan)	0-921411-75-8	13.95
Open 24 Hours (Burke; Reid; Niskala; Blades, mclennan)	0-921411-64-2	13.95
Poems from the Blue Horizon (mclennan)	0-921411-34-0	3.95
Poems for Little Cataraqui (Folsom)	0-921411-28-6	10.95
Milton Acorn Reading from *More Poems for People.* (Acorn)	0-921411-63-4	9.95
Rant (Fowler-Ferguson)	0-921411-58-8	4.95
Rum River (Fraser)	0-921411-61-8	16.95
Seeing the World with One Eye (Gates)	0-921411-69-3	12.95
Speak! (Larwill; *et al*)	0-921411-45-6	13.95
St Valentine's Day (Footman)	0-921411-45-6	13.95
Strong Winds (Hyland (ed.))	0-921411-60-X	14.95
Túnel de proa verde / Tunnel of the Green Prow (Rio; Hazelton, translator)	0-921411-80-4	13.95
Under the Watchful Eye (Deahl)	0-921411-30-8	11.95
Voir Dire (Flaming)	0-921411-26-X	11.95

Available from **General Distribution Services**, 325 Humber College Blvd, Toronto ON M9W 7C3: Toronto, ph 416 213-1919 ext 199, fax 416 213-1917; Ont/Que 1-800-387-0141; Atlantic & Western Canada 1-800-387-0172, (CTA) S 1150391, customer.service@ccmailgw.genpub.com ; USA 1-800-805-1083, gdsinc@genpub.com , Pubnet 6307949, (including credit card orders by individuals). Sales representation by the Literary Press Group of Canada, ph 416-483-1321. Direct from the publisher, individual orders must be prepaid. Add $2 shipping for first book ($9.95 and up) and $1 per additional item. Canadian orders add 7% GST/HST.

MARITIMES ARTS PROJECTS PRODUCTIONS
BOX 506 STN A
FREDERICTON NB E3B 5A6   Ph/fax: 506 454-5127
CANADA   E-mail: jblades@nbnet.nb.ca